CONSEILS

ADRESSÉS

AUX OUVRIERS PARISIENS.

TYPOGRAPHIE DE FIRMIN DIDOT FRÈRES,
RUE JACOB, 56.

CONSEILS

ADRESSÉS

AUX OUVRIERS PARISIENS,

PAR

LE BARON CHARLES DUPIN,

MEMBRE DE L'INSTITUT ET PAIR DE FRANCE.

PARIS,

CHEZ FIRMIN DIDOT FRÈRES, LIBRAIRES,

RUE JACOB, 56.

CONSEILS

AUX OUVRIERS MINIERS,

PAR

LE BARON CHARLES DUPIN,

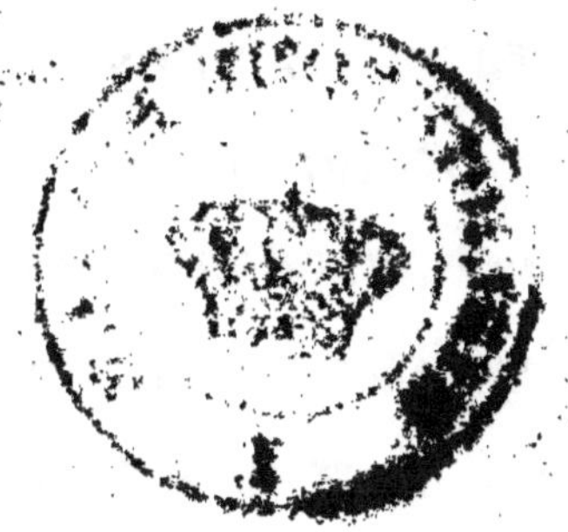

PARIS,

CHEZ [...] IMPRIMEURS, LIBRAIRES,

RUE JACOB, 30.

AVANT-PROPOS.

Aucun bon citoyen, aucun ami de la patrie et du peuple, n'a pu voir les agitations provoquées pendant les derniers jours d'août et les premiers jours de ce mois, sans éprouver la douleur la plus profonde. Nul grief nouveau, nulle souffrance inaccoutumée, nul chômage fâcheux, ne pouvaient expliquer l'irritation excitée sourdement chez la classe ouvrière, dans le dessein de jeter la discorde entre les travailleurs et les chefs de travaux qui concourent, avec eux, au développement de la richesse nationale.

Chose étrange et bien digne de l'attention des hommes publics! loin que l'occupation manquât aux ouvriers, loin que la volonté de continuer leurs entreprises fructueuses éprouvât lo moindre affaiblissement, il a fallu plusieurs semaines d'efforts, d'excitations, de menaces, de violences même, pour obliger des hommes paisibles, satisfaits, heureux, à quitter les ateliers qui leur assurent le bien-être.

Les ouvriers ne s'apercevaient pas qu'on espérait arriver par là, non point à changer leurs rapports de travail et de salaires avec les chefs qui les emploient, mais à renverser l'ordre social, à travers des flots de sang.

C'est un grand bonheur que l'appareil modéré, calme, et tout puissant, de l'autorité publique, ait découragé les agitateurs. Ceux-ci, qui tyrannisaient les sages ouvriers, et qui les effrayaient par des menaces, effrayés à leur tour par l'attitude imposante de la garde nationale et de l'armée, ont interrompu leurs menées. Aussitôt l'immense majorité des bons ouvriers est revenue d'elle-même à ses ateliers, pour continuer le travail qui fait subsister leurs familles.

En applaudissant à ce retour volontaire, gardons-nous de partager l'insouciance et l'imprévoyance des personnes qui s'alarment outre mesure à l'aspect d'une agitation du peuple ; et qui, l'agitation passée, l'oublient à l'instant, sans imaginer qu'elle puisse jamais revenir !

On aveuglait des hommes simples et confiants par des sophismes et des mensonges, éclairons-les par le secours de la raison et de la vérité.

On aigrissait leurs cœurs par le tableau fallacieux d'une misère qui n'est pas l'état du peuple français ; consolons-les par le tableau de leur prospérité réelle, qui n'a jamais été si grande, et qui tomberait tout à coup si l'ordre public n'en était plus la sauvegarde.

C'est cet ordre public qui, depuis les dernières émeutes de 1834 jusqu'à 1840, a permis, dans un si court intervalle, que les classes laborieuses de Paris accumulassent *soixante millions* de francs *à la caisse d'épargne ;* et cela, malgré la terreur panique des déposants en 1837, malgré la crise commerciale de 1839, enfin malgré la cherté du pain, effet inévitable et pénible de trois récoltes médiocres.

C'est cet ordre public, présidant à la libre concurrence, qui, depuis ce peu d'années, a permis que Paris devînt la plus grande ville manufacturière de la France et du continent européen !

C'est cet ordre public qui, depuis ce peu d'années, a permis que deux cent mille habitants nouveaux trouvassent à Paris du logement, du travail et de l'aisance.

C'est cet ordre public qui, depuis ce peu d'années, a permis aux étrangers qui fuyaient Paris au temps des émeutes, d'y revenir avec la paix, au nombre de cent mille par année, pour payer de leur or vos ingénieux travaux.

La beauté des monuments érigés par vos mains, l'aménité de vos mœurs, la bienveillance de vos manières, la multiplicité, la variété, le bon marché, l'élégance de vos produits, voilà le charme qui vous attire les voyageurs de tous les pays, et qu'ils payent avec leur or. Perdez ces attributs vraiment français d'une civilisation que l'univers vous envie, et vous verrez de nouveau l'étranger, encore moins épouvanté que dégoûté, fuir une capitale qui n'aura plus pour lui d'attraits.

Malgré les immenses progrès, ici rappelés en peu de mots, ce n'est point encore le dernier terme de la prospérité nationale.

Si les classes ouvrières continuent avec le même zèle et le même courage, à seconder les entreprises de l'industrie française, nous verrons des succès nouveaux, non moins rapides et plus grands même que ceux du passé. Les triomphes réunis du travail et du génie continueront d'ajouter leurs trophées à la richesse, à la splendeur, à la force de la France. Voilà le motif d'émulation que nous proposons au patriotisme de tous les bons citoyens, au génie civilisateur de tous les amis des sciences et des arts.

En même temps, nous recherchons les moyens d'organisation sociale, qui peuvent rendre plus facile, plus confiante et plus équitable, la justice distributive entre les négociants et les fabricants, entre les maîtres et les ouvriers. Le gouvernement en fait le sujet de ses méditations. Pour atteindre un tel but, il trouvera tous les hommes qui s'occupent des progrès de l'industrie, du développement des intelligences, et du bien-être des travailleurs, prêts à le seconder de leurs conseils et de leur expérience, s'il croit utile de les consulter.

C'est en profitant de la bonne harmonie, entre les chefs et les subordonnés, entre les administrés et les administrateurs, c'est en cédant au seul désir d'être à la fois équitable et bienveillante envers tous, que l'autorité pourra répandre avec fruit de tels bienfaits; tandis que la menace, la violence et l'insurrection ne pourraient obtenir d'elle rien d'utile, ni d'honorable.

Voilà quelques réflexions que je crois important d'offrir aux ouvriers, en reproduisant les conseils que je leur ai donnés, aussitôt que je l'ai pu, lors de leur plus vive agitation. Je n'ai d'autre intérêt que celui de la prospérité publique; je ne suis ni fabricant, ni chef d'atelier; je ne dépends d'aucun industriel, et je n'ai d'autre désir que d'être utile aux faibles ainsi qu'aux puissants, sans préférence et sans partialité. Ces motifs, je l'espère, et les souvenirs de vingt ans d'efforts pour éclairer l'intelligence et pour améliorer le sort des ouvriers français, fortifieront la confiance dont, jusqu'à ce jour, ces ouvriers, et surtout ceux de Paris, ont honoré mes paroles et récompensé mon affection.

Avant de finir cet avant-propos, je puis, je dois l eur présenter les avis émanés d'une auguste sagesse, avis qui méritent leur profonde et durable reconnaissance.

En 1834, année mémorable de l'avant-dernière exposition des produits de l'industrie, des troubles profonds avaient causé d'immenses malheurs dans la ville de Lyon ; des soulèvements insensés avaient, par contre-coup, jeté plus d'une fois la perturbation dans la capitale. La classe ouvrière, séduite d'abord, et bientôt après désabusée, reconnaissait, à ses dépens , que l'anarchie l'avait prise tour à tour *pour instrument, pour jouet, et pour victime.* Ces événements déplorables avaient profondément affligé le cœur du roi. Aussi, dans la séance solennelle où sa main distribua les récompenses méritées par les exposants, manufacturiers , contre-maîtres ou simples ouvriers, le monarque fit entendre les belles paroles que je vais citer comme la leçon qui convient le mieux à notre époque, à notre situation , aux perturbations récentes éprouvées par les ateliers de Paris. Ces paroles, qui sont restées dans ma mémoire, lorsqu'elles se firent entendre dans la salle du trône , descendirent au fond des âmes, et furent accueillies par d'universelles acclamations. Les voici :

« J'ai la confiance que l'exposition prochaine surpassera celle de 1834, autant que l'exposition de 1834 a surpassé toutes celles qui l'ont pré-

cédée. Par là, nous arriverons en même temps à *améliorer le sort des ouvriers ;* nous arriverons à leur faire comprendre ce qu'il est si nécessaire de leur démontrer, que c'est seulement par la réduction du prix des marchandises, qui augmente d'une manière si heureuse la richesse publique, en augmentant la rapidité de la circulation du numéraire, qu'ils peuvent espérer de voir s'accroître leur bien-être, et de ne jamais manquer de trouver dans leur travail les moyens de satisfaire à tous leurs besoins. *J'ai souvent pensé, en leur voyant quitter l'ouvrage,* à cette retraite du peuple romain sur le mont Aventin, lorsque Menenius, envoyé par le sénat, parvint à le ramener en lui faisant l'apologue des membres et de l'estomac. Nous pourrons de même l'appliquer à nos ouvriers, et leur dire, *lorsqu'eux aussi se retirent sur le mont Aventin :* « Venez donc reprendre votre ou-
« vrage; ce n'est pas en ruinant les fabricants
« que vous parviendrez à vous enrichir; travaillez,
« mes amis, rentrez dans vos ateliers, reprenez
« vos tabliers, cet honorable signe du travail, et
« revenez concourir à la richesse publique, en
« même temps que vous assurez votre existence

« et le bien-être de vos familles. C'est à vous,
« c'est à elles que vos interruptions de travail
« portent préjudice, et il n'y a que vos ennemis,
« ceux de l'ordre social et de la paix publique,
« qui puissent y trouver quelque avantage. »

Voilà des paroles qui devraient être écrites sur la porte de chaque atelier.

Paris, 20 septembre 1840.

CONSEILS

ADRESSÉS

AUX OUVRIERS PARISIENS.

Mes chers concitoyens, si je n'avais pas été commandé par un devoir public, loin de la capitale, je n'aurais pas attendu si tard à vous faire entendre la voix amie qui, plus d'une fois, a trouvé le chemin de vos cœurs, pour vous ramener au parti le plus sage et le plus favorable à votre intérêt. J'aurais voulu devancer la force publique, afin d'obtenir de vous, par la persuasion, ce que les moyens coercitifs n'obtiennent que pour un moment lorsque la conviction ne marche pas à leur suite. La violence, vous le voyez, n'a pas pu vous réussir ; accueillez donc la raison, qu'un sentiment profond de vieille affection à votre égard me conduit à vous présenter, pour vous ramener au vrai, pour vous consoler et vous attirer dans la voie du bonheur et du bien.

Qui pourrait s'étonner que chacun de vous se montre animé par le désir d'améliorer son sort ? Chez vous, ce n'est pas seulement un plaisir semblable à celui que cherchent les hommes des conditions les plus aisées, et qu'on croirait par là les plus constamment satisfaites. Placés, ainsi que vous l'êtes, entre les limites du bien-être et de la pénurie, c'est un devoir pour vous d'employer les forces de votre corps et l'énergie de votre âme, afin d'arriver *honorablement* à l'aisance. C'est un autre devoir pour vous de profiter du juste prix de votre travail pour satisfaire aux exigences du moment, et pour économiser ce qui devra subvenir aux besoins des mauvais jours à venir, aux besoins de la vieillesse et de la maladie.

Je suis, vous le voyez, pleinement d'accord avec vous sur les sentiments honnêtes, équitables, prévoyants et salutaires, qui vous doivent animer dans le cours de votre existence.

Lorsque nous sommes si bien d'accord sur le principe qui doit régler votre vie et justifier vos actions, il n'est pas possible que nous restions en

désaccord sur les voies par lesquelles on vous en-
traîne à des résolutions dont vous seriez les pre-
mières victimes ; et par lesquelles on vous pousse
à des désordres qui ne peuvent que vous nuire ,
en nuisant aux chefs d'atelier qui vous font
vivre ; qui ne peuvent que troubler votre bonheur
individuel en troublant la paix sociale, *cette paix
sacrée*, que je ne crains pas d'appeler *la mère-
nourrice des ouvriers.*

Il y a six ans, des désordres pareils, et pourtant excités par des idées moins absurdes, agi-
taient le peuple de Lyon. Alors, je leur annonçai
les piéges, les pertes, les malheurs auxquels ils
s'exposaient sans les pressentir ; ils n'ont pas
cru mes tristes prévisions, et, six semaines plus
tard, ils expiaient dans les horreurs de la guerre
civile l'égarement de leurs prétentions et de
leurs espérances. Ouvriers parisiens, n'oubliez
pas la funeste expérience où les suggestions les
plus criminelles ont précipité les ouvriers lyon-
nais, qui, comme vous confiants et crédules,
étaient comme vous, au fond, d'honnêtes, laborieux et dignes enfants de la France.

Des agitateurs soudoyés par une main qui
vous est inconnue, vous excitent, industrie par
industrie, atelier par atelier, à délaisser vos travaux, dans l'intention supposée de contraindre
les chefs de travaux à subir les conditions que
vous voulez leur imposer !

Ce serait un faible dommage, si cette interruption n'avait lieu qu'à l'égard d'une ou deux industries, sans excitation préméditée. Dans le cas tout favorable où ces industries particulières seraient en grande voie de prospérité, avec des bénéfices qui permettraient aux entrepreneurs d'augmenter vos salaires, au bout de quelques jours la difficulté s'aplanirait malgré votre conduite insoumise. Alors vous obtiendriez la juste paye que mérite votre labeur, comme vous l'eussiez obtenue, sans perte de temps ni d'argent, si vous n'eussiez pas déserté l'atelier.

Mais lorsqu'une industrie est en souffrance, ou seulement stationnaire, vouloir imposer par force un accroissement de gages, c'est demander l'impossible aux maîtres ; c'est demander leur propre ruine aux chefs qui vous donnent à vivre : mieux vaudrait pour eux cesser toute entreprise que la poursuivre à pareils termes. Ils doivent par conséquent, sous peine de voir anéantir leurs capitaux producteurs, résister invinciblement.

Aujourd'hui, les prétentions qu'on suggère de proche en proche aux ouvriers de toutes les professions sont dirigées vers un but qui ne peut échapper à la vue des hommes d'État. Ce n'est pas au nom de la misère et de la justice qu'on cherche à les soulever : un tel prétexte paraîtrait par trop absurde dans le moment où le commerce ne demande qu'à prospérer, dans un moment où les travaux sont encore actifs au sein de la capitale, et lorsqu'en même temps, par un bienfait de la Providence, le pain qui coûtait dix-sept sous et demi les quatre livres il y a six semaines, n'en coûte aujourd'hui que quatorze.

Dans aucun temps, je le déclare, on n'a réuni des propositions plus déraisonnables et plus nuisibles, je ne dis pas seulement *aux maîtres*, mais *aux ouvriers même*, que ne le sont les demandes mises en avant par les agitateurs qui poussent à la fois l'industrie, dans ses diverses professions, à l'abrutissement ainsi qu'à la misère : le tout sous couleur de *bien-être !*...

Je vois les mauvais ouvriers qu'on excite contre les bons, les paresseux qu'on ameute contre les vigilants, et l'imbécillité qu'on révolte contre l'intelligence, afin que le travail ne soit plus payé nulle part suivant le mérite et l'étendue de la tâche accomplie.

Voilà donc l'équité de votre socialisme, hommes à progrès subversifs ! Votre égalité définitive, c'est une égalité nominale et mensongère, une égalité bestiale, où vous comptez numériquement les ouvriers par têtes au lieu de les compter par intelligences ; où vous payez le nombre des bras au lieu d'en payer la puissance ; où vous n'évaluez pour rien la dextérité des mains, qui fait l'habile ouvrier, ni la dextérité des idées qui fait l'habile industriel. Vous n'oseriez pas proposer, quand il s'agit du labeur des chevaux, des bœufs et des ânes, que le fort ne gagne pas plus que le faible, ni l'animal déjà dressé pas plus que la bête encore brute; et vous l'osez proposer quand il s'agit du travail des hommes! Et vous l'osez proposer, dans la capitale des arts et de la civilisation, chez le peuple que distinguent le plus l'imagination pour le goût, l'esprit pour le discernement, et la sagacité pour l'application judicieuse! Vous osez de sang-froid proposer que ces dons admirables, qui placent si haut l'élite des ouvriers français dans l'industrie de l'univers, ne leur soient plus comptés pour rien! Vous voulez que tous, confondus pêle-mêle comme des bêtes de trait attelées à la même corde, ne soient payés qu'à raison d'une force animale qu'ils ne fourniraient pas même tous en égale quantité dans votre attelage abrutissant!... Vous insultez à la fois la raison, la justice et la France.

Si les contempteurs de la science et de l'art, si les ennemis de l'industrie nationale réussissaient dans leur funeste dessein, qu'en résulterait-il? Que la dextérité, l'expérience, l'esprit et l'activité, qui savent, en peu de temps, faire beaucoup et très-bien faire, ne recevraient pas une plus forte récompense que la maladresse, l'ignorance, l'ineptie et la fainéantise. Ce serait, dans les ateliers, non plus à qui ferait davantage, mais à qui ferait le moins, mais à qui tromperait le mieux et le public, et son maître, et soi-même.

Ainsi, pour un même nombre d'ouvriers, pour un même prix de journées, égal entre tous, la quantité d'objets travaillés deviendrait de moins en moins grande, et le travail de plus en plus imparfait. Il faudrait donc que le peuple consommateur payât plus cher ces objets, quoique moins bien confectionnés. Il faudrait que la population française, prise dans son ensemble, eût à pâtir de l'ignorance, de la paresse, de la sottise et de l'inhabileté *privilégiées*, parmi la dernière classe *des plus mauvais travailleurs.*

Supposeriez-vous donc que les consommateurs consentiraient à payer toujours du même prix chaque genre de produits qui deviendrait par degrés moins solide et moins élégant, moins commode et moins durable, moins agréable et moins utile? Vous verriez bientôt le public, en juste appréciateur de ce qu'on fait à son usage, n'accepter qu'à des prix de rabais vos produits d'une qualité dégradée.

Alors il ne faudrait plus parler avec orgueil de l'industrie nationale, de ses perfectionnements et de ses inventions, de ses concours nationaux et de ses nobles récompenses, qui vont libéralement jusqu'au simple ouvrier : il faudrait parler de ses imperfections revivifiées, de son abrutissement et de sa décadence. Au lieu d'être fiers de sa gloire, il nous faudrait rougir de sa honte.

Illustre Jacquard ! d'abord ouvrier d'horloge-rie, toi qui, loin de te borner au labeur machinal de la lime et du polissoir, as créé cet admirable mécanisme qui donne à l'industrie une puissance nouvelle, et mérité qu'on t'érigeât une statue dans Lyon ta patrie, il faudrait abattre ce monument, symbole d'inégalité dans le mérite, pour réduire des génies tels que le tien au niveau du manœuvre abruti qui, sans jamais penser à rien, pousse la lime et frappe du marteau !

Et toi, Granger ! simple garçon de ferme, toi qui, non content de diriger le mancheron de la charrue grossière, as perfectionné l'instrument qui nourrit le peuple, et gagné par ton admirable invention la médaille d'or et la Légion d'honneur, il faudrait, humble agriculteur, t'arracher ta croix, *orgueil de nos villages*, et te renvoyer à la suite, disons mieux, au niveau de tes bœufs, eux pour tirer, toi pour pousser, comme une brute de plus.

Voilà la rétrogradation que les ennemis de l'industrie osent commencer à mettre en pratique par l'égarement de quelques insensés et par les menées les plus coupables, au milieu des ouvriers de Paris.

On ne vous demande pas seulement d'encourager l'ineptie et la mal-façon par les innovations que je viens de stigmatiser ; on ne vous demande pas seulement la rétrogradation de l'industrie française, on vous demande son impuissance et sa pauvreté, en réduisant le nombre des heures de votre travail, c'est-à-dire le nombre des heures productives qui sont, à vous, votre richesse, votre capital et *votre patrimoine*.

Comment, mes chers amis, vous en si grand nombre, honnêtes, actifs, courageux, infatigables, vos prétendus partisans, ceux qui se font vos meneurs secrets, pour vous entraîner, par une pente insensible, aux excès les plus dangereux, aux actes qu'ils voudraient à tout prix rendre criminels afin de vous compromettre ; ces soi-disant améliorateurs de votre sort, c'est en vous conseillant d'amoindrir votre labeur qu'ils vous promettent d'augmenter votre bien-être ! C'est en vous invitant à supprimer par jour deux heures, deux grandes heures de travail, qu'ils prétendent vous servir ! Le secret est simple, disent-ils ; exigez autant de salaire pour dix heures que pour douze, et pour douze que pour quatorze ; vous aurez plus de loisir et tout n'en ira pas moins bien.

Le croyez-vous ? Alors votre erreur est extrême. C'est à moi de vous la rendre si claire que les plus simples d'entre vous aperçoivent la fausseté, je dis plus, la perfidie d'un pareil raisonnement.

Si la diminution des heures productives est avantageuse aux ouvriers de quelques professions sans détriment pour la société tout entière, le même avantage existe à l'égard des autres professions, et le même droit se présente à titre d'*égalité*. Il faut donc admettre que, de proche en proche, et bientôt toutes les professions de la ville, entraînées par l'exemple des plus empressées, élèveront la prétention d'obtenir un même salaire, en supprimant deux heures de travail à chaque journée.

Pareillement, mes amis, si la chose est avantageuse à l'ouvrier de la ville, vous devez juger par vous-mêmes que les travailleurs de la campagne voudront suivre un si bon exemple, et ne travailler que douze heures au lieu de quatorze : que s'ensuivra-t-il à la fin ?

Sur 34 millions de Français, aujourd'hui 18 millions sont nécessaires aux travaux des champs, aux travaux qu'il est impossible de supprimer ni d'ajourner, puisqu'ils produisent le vin, la viande, les fruits, les légumes et le pain qui vous nourrissent tous.

Faites-vous maintenant avec moi cette question bien simple : Pour exécuter autant d'ouvrage que 18 millions de campagnards employés quatorze heures par jour, combien faut-il de campagnards employés douze heures? — Il en faut 21 millions.

Si vous êtes bien déterminés de continuer à boire suivant votre soif, à manger suivant votre faim, il faut par conséquent, d'après votre nouveau système, que trois millions de Français quittent les travaux divers de l'industrie, et passent au travail des champs.

Ainsi, voilà les classes non agricoles, celles des arts et métiers de toutes sortes, réduites de 16 à 13 millions. Ce n'est pas tout : 13 millions d'industriels qui travailleront douze heures ne feront pas plus d'ouvrage que n'en faisaient 11 millions travaillant quatorze heures.

Donc, l'idée malheureuse d'ôter ces deux heures à votre travail journalier représente, pour la totalité des produits industriels par lesquels vous et vos familles jouissez des maisons, des meubles, des habits, des outils qui vous sont indispensables, et des plaisirs du dimanche et des conforts de la semaine, cette idée revient à retrancher des produits français ce qui procure à la fois le superflu et le nécessaire donné par la différence de 16 à 11 millions d'industriels ; c'est donc une perte sèche *de cinq millions de travailleurs*. Vous en faites-vous quelque idée?

Dans la grande année du choléra, en 1832, lorsque tant de désastres et de misères ont accablé le peuple français, ce fléau, qui vous a causé tant de mal et de terreur, n'a pourtant pas fait perdre à la patrie plus de deux cent mille ouvriers.

Ainsi, que cela reste profondément gravé dans votre mémoire et dans votre imagination! Ce que vous proposent les insensés ou les pervers qui vous excitent à retrancher *deux heures* au travail de votre journée, ouvriers français, c'est comme s'ils vous proposaient de frapper d'un seul coup la France, et pour tous les ans, avec *vingt-cinq* fois le fléau du choléra dans sa plus funeste année.....

Que dis-je, mes concitoyens? Les victimes du choléra, par leur mort soudaine, épargnaient au pays une quantité de consommations équivalente au produit de leurs mains; mais par le conseil qu'on vous donne, vos besoins resteraient entiers, et le travail seul, avec la production qu'il enfante, disparaîtrait dans une proportion équivalente à l'entretien complet de cinq millions de consommateurs.

Autant vaudrait dire que, par le même acte de folie, une masse de misère et d'indigence absolue serait tout à coup appesantie sur la tête de cinq millions d'habitants ajoutés à la multitude, hélas! trop grande, de pauvres, d'infirmes et d'incurables, que la société la plus heureuse compte toujours dans son sein.

Jugez à présent, mes amis, quelle est ou la démence ou la méchanceté des agitateurs qui vous éblouissent, qui vous séduisent et vous égarent en vous proposant, pour nouveau bonheur, de réduire en pure perte votre travail, autant dire votre vie, et tout ce qui peut la rendre heureuse et douce?

Ah! ce n'est pas la durée de votre labeur quotidien qu'il faut réduire, ouvriers robustes et dans la vigueur de l'âge : s'il y a quelque soulagement à produire, *c'est dans le travail des adolescents, c'est dans l'occupation de la tendre enfance.* Voilà ce qui fait aujourd'hui l'objet de notre sollicitude; voilà ce qu'a voté la Chambre des pairs; voilà ce que les commissaires de la Chambre des députés proposent d'adopter, pour ménager les forces naissantes et la santé de la jeune génération qui fait votre espoir et le nôtre. Laissez la tendre jeunesse profiter de ce bienfait; et vous, hommes forts et courageux, gardez pour vous la part de travail qui fait tout le trésor de vos familles.

Maintenant, ce n'est point par les seules considérations de votre aisance domestique ou de votre apauvrissement individuel que je prétends vous éclairer et vous convaincre.

Je connais au fond de vos cœurs une corde bien plus sensible, et que jamais je n'ai fait vibrer en vain.

Ce n'est pas seulement à vous, à vos enfants, que vous porteriez un dommage irréparable si vous désertiez le poste de travailleurs infatigables où vous a placés la Providence pour défendre vos familles contre les périls du besoin; c'est à la patrie tout entière, à cette mère commune que vous porteriez dommage : elle aussi, vous la rendriez faible et pauvre de toute votre faiblesse, de toute votre pauvreté. Par les produits que vous livreriez plus coûteux, vous la mettriez hors d'état de soutenir la concurrence avec les produits étrangers, qui chasseraient, des marchés de l'univers, ceux que vos mains dégénérées ne façonneraient plus qu'à des conditions inacceptables. Ainsi, vous laisseriez lâchement l'Anglais, le Hollandais, l'Italien, l'Allemand, l'Espagnol même, devenir supérieurs au Français. Partout vous seriez expulsés du commerce extérieur, comme un peuple déchu. Vos rivaux, vos vainqueurs attaqueraient votre industrie jusque sur votre territoire ; ils l'emporteraient sur vous dans vos magasins, vos boutiques et vos marchés. Ainsi, la honte de votre infériorité volontaire viendrait vous assaillir au sein même de vos villes, et jusque sous le toit de vos maisons. Vous verriez donc vos femmes et vos enfants pleurer à la fois d'humiliation et de misère, comme *la famille du mauvais sujet*, qui répond à leurs larmes en secouant avec indifférence ses guenilles et sa honte !

Et la patrie ! la patrie, dont les revenus publics ne peuvent être que le superflu disponible des revenus particuliers, où trouverait-elle ce superflu, quand votre paresse, pour s'épargner deux heures de travail quotidien, aurait retranché jusqu'au nécessaire des classes auparavant laborieuses ? La patrie, à son tour, je le répète, et dans les mêmes termes, pour vous frapper davantage ; la patrie, que vous auriez rendue faible et pauvre de toute votre faiblesse et de toute votre pauvreté, comment suffirait-elle aux dépenses qui garantissent à la fois l'ordre public, la justice et la sécurité, qui permettent de construire et de tenir en bon état les monuments d'utilité matérielle, et les écoles populaires, espoir de notre avenir, et les temples consacrés au Dieu qui veille sur tous ces bienfaits, et les armées, et les places, et les flottes, qui sont la force et la défense du pays?

Je n'hésite pas à le dire, la paix, à mes yeux, est le plus précieux des biens : les plus cruels ennemis de la France sont ceux qui sans cesse excitent chez vous une passion mal éteinte, afin de vous rendre à tout prix la soif des combats et du sang. Ce sont ceux qui, pour exaspérer vos courages, vous offrent soir et matin le fantôme d'agressions qu'ils fabriquent et d'outrages qu'ils supposent. Ainsi l'on voit, dans les arênes du Midi, des excitateurs à gages présenter, au taureau stupide et colère, des drapeaux rouges qui l'excitent à la mort. Mais enfin, si la fatalité veut qu'à tort ou à droit la France soit précipitée dans la guerre, alors, mes amis, arrière tout dissentiment; ce ne sera plus le moment de disputer, nous sur nos idées, vous sur vos heures de travail : soldats, nous devrons, non pas douze heures ni quatorze, mais vingt-quatre heures sur vingt-quatre à la défense du pays; ouvriers, nous devrons à nos frères qui seront sous les drapeaux, de remplir non-seulement notre tâche, mais la leur, et dans les champs et dans les ateliers, afin de nourrir leurs familles en sus des nôtres, et de fournir à l'État de quoi donner des vivres, des habits et des armes à ceux qui verseront pour nous leur sang.

Méprisez donc, comme indignes de vos courages, les lâches conseils de ceux qui vous ravalent dans l'estime des nations, en vous invitant à retrancher de vous-mêmes une part essentielle de votre force productive, pour la sacrifier à *l'oisiveté, cet espoir du vice et de l'anarchie.*

Ouvriers français, au même titre que nous tous, enfants chéris de la commune patrie, ramenez vos regards, de cette patrie que vous désolez en l'affaiblissant par vos égarements et vos discordes, sur vos propres enfants, qui vous supplient de ne rien ôter à leur nourriture. Songez à vos femmes désespérées, qui pleurent pour vous empêcher de quitter vos ateliers ; qui pleurent pour vous arrêter sur le bord de l'émeute où vous poussent des mains cachées ; et qui, vous suivant encore, quand vous avez forcé la garde à vous mener en prison, font retentir les abords du Palais de justice par leurs lamentations sur votre imprudence, et par leurs exécrations contre les pervers qui vous poussent dans l'abîme. Que vos entrailles de maris et de pères, sympathisant à ces douleurs, vous ramènent aux conseils que vous donne à la fois l'amour du pays, de l'équité, de la sagesse et de l'humanité.

En finissant, je n'ai qu'un mot à vous dire : les hommes qui vous séduisent en flattant des penchants qu'il faudrait combattre, vous méprisent à tel point qu'ils vous proposent, *sans rougir,* de diminuer la distance qui sépare l'ouvrier parisien, le plus laborieux, le plus humain, le plus courageux de tous, et le *lazzarone* napolitain, le plus fainéant, le plus féroce et le moins vaillant de tous : accepterez-vous cette proposition ?

Je ne puis pas à la fois combattre tous les conseils pernicieux qu'on vous donne. Mais nous sommes gens de revue, et nous nous reverrons : vous pour entendre la vérité, comme il appartient à des hommes de cœur et de raison ; moi pour vous la dire, comme il appartient à votre professeur et votre ami,

CHARLES DUPIN,

Membre de l'Institut et pair de France.